Florian Lüchinger

Closed-Loop-Konzepte im Bereich Customer Relationship Management

GRIN Verlag

Bibliografische Information der Deutschen Nationalbibliothek:

Die Deutsche Bibliothek verzeichnet diese Publikation in der Deutschen National-
bibliografie; detaillierte bibliografische Daten sind im Internet über http://dnb.d-
nb.de/ abrufbar.

Impressum:

Copyright © 2002 GRIN Verlag GmbH
Druck und Bindung: Books on Demand GmbH, Norderstedt Germany
ISBN: 978-3-638-73556-8

Dieses Buch bei GRIN:

http://www.grin.com/de/e-book/6195/closed-loop-konzepte-im-bereich-customer-
relationship-management

GRIN - Your knowledge has value

Der GRIN Verlag publiziert seit 1998 wissenschaftliche Arbeiten von Studenten, Hochschullehrern und anderen Akademikern als eBook und gedrucktes Buch. Die Verlagswebsite www.grin.com ist die ideale Plattform zur Veröffentlichung von Hausarbeiten, Abschlussarbeiten, wissenschaftlichen Aufsätzen, Dissertationen und Fachbüchern.

Besuchen Sie uns im Internet:

http://www.grin.com/

http://www.facebook.com/grincom

http://www.twitter.com/grin_com

Closed-Loop-Konzepte im Bereich Customer Relationship Management

Als Proseminararbeit

an der

Wirtschafts- und Sozialwissenschaftlichen Fakultät

der Universität Bern

eingereicht bei

Prof. Dr. Reinhard Jung

Institut für Wirtschaftsinformatik

von

Florian Lüchinger

von Oberriet (SG)

im 6. Semester

Matrikelnummer: 99-119-364

Studienadresse

Finstergasse 8

3360 Herzogenbuchsee

(e-mail: floggi@gmx.ch)

Bern, 2002-08-15

„There is only one boss – the customer.
And he can fire everybody in the company
from the chairman on down,
simply by spending his money somewhere else".

(Sam Walton, Gründer von Wal-Mart)

Vorwort

Inspirierend für die vorliegende Arbeit wirkten in erster Linie meine Erfahrungen aus der Berufswelt. So faszinierten mich seit jeher Tätigkeiten im direkten Kundenkontakt und im IT-Bereich. Eine Verbindung dieser zwei Gebiete stellt Customer Relationship Management (CRM) dar. CRM bietet die Möglichkeit mit Hilfe der Informationstechnik Kundenbeziehungen herzustellen, zu gestalten und effizient zu nutzen.

Wie wichtig eine Kundenbeziehung und im besten Fall eine Kundenbindung ist, zeigt auch die Äusserung von Sam Walton, dem legendären Gründer von Wal-Mart: Der Kunde ist der Chef, er bestimmt selbst, wo er sein Geld ausgeben will.

Die Herausforderung bei dieser Arbeit war für mich die Verknüpfung dreier Themenbereiche, welche ich bis anhin nicht kannte: Closed-Loop-Konzepte, CRM und Datenintegration.

Bern, Mai 2002   Florian Lüchinger

Inhaltsverzeichnis

1. Einleitung

1.1 Ausgangslage

Wer als erfolgreiches Unternehmen im heutigen Wettbewerb bestehen will, muss die Fähigkeit haben, schnell auf die ständig wechselnden Kundenbedürfnisse eingehen und den Kunden beim Kaufprozess begleiten zu können. Die Notwendigkeit einer verstärkten Kundenfokussierung geht klar aus einer von MSM Research durchgeführten Studie bei den 500 grössten Schweizer Unternehmen hervor.[1]

Dadurch, dass Produkte immer vergleichbarer werden, sie unter Umständen nur wenige Mausklicks voneinander entfernt liegen und die Informationsmöglichkeiten dank Internet generell stark angestiegen sind, werden auch die Kunden anspruchsvoller. Aus Kundensicht geht es nicht mehr darum, einfach „nur" Produkte zu erwerben. Sondern Kunden wollen heutzutage und in Zukunft mehr und mehr ein individuelles Problem gelöst bekommen.[2]

"It costs much more to acquire a customer than it does to keep a customer. That is why a sale to a customer is *good*, but a relationship with a customer is *great.*"[3] Ein Beispiel aus der "Old Economy" zeigt: Sobald sich ein Kunde vermehrt im selben Geschäft aufhält, ist es naheliegend, dass das Verkaufspersonal versucht, ihn kennenzulernen. Seine Vorlieben, sein Budget und andere wertvolle Informationen können für das Personal von Vorteil für einen Verkauf sein. Das Sammeln, Aufbereiten und Verwenden von Kundeninformationen, aber auch von implizitem Wissen[4] z.B. von Mitarbeitern über Kunden, wird so zum strategischen Erfolgsfaktor. Bei kleinen und allenfalls mittleren Unternehmen, bei denen der persönliche Kontakt zu Kunden aufgrund der kleinen Anzahl im Mittelpunkt der Arbeit steht, stellt dies keine besondere Herausforderung dar. Bei Grossunternehmen jedoch, die gar international tätig sind, und womöglich

---

[1] Vgl. MSM Research (2001), S. 2ff.

[2] Vgl. Sonntag (2001), S. 63.

[3] Cook (2002), S. 109.

[4] Vgl. Himer/Klem/Mock (2001), S.167ff.

tausende von Kunden haben, ist es schlichtweg nicht möglich, jeden Kunden persönlich zu kennen.[5] Hier braucht es elektronische Herstellungs- und Erfassungsmöglichkeiten von Kundenbeziehungen mit Hilfe der Informationstechnik. Customer Relationship Management (CRM) nimmt sich dieser Aufgabe der Herstellung, Aufrechterhaltung und Nutzung erfolgreicher Kundenbeziehungen an.[6] Um Kundenwünsche individueller, wirkungsvoller, schneller und kostengünstiger zu erfassen, werden auch neuere kundenorientierte Informationssysteme (KIS) wie Electronic Customer Relationship Management (eCRM) eingesetzt.

Erst eine vollständige Integration aller Kommunikationskanäle (Multichannel Integration), über die der Kunde mit dem Unternehmen in Kontakt tritt, und deren Verknüpfung mit den Prozessen des Front Office (operatives CRM) und des Back Office (Enterprise Ressource Planning (ERP)-Daten der Produktion, Logistik, des Rechnungswesens, etc.) zwecks integrierter Datenübermittlung und -verarbeitung, erfüllen die Voraussetzungen eines Closed-Loop-Ansatzes.

Ein erfolgreiches Kundenbeziehungsmanagement nach dem Closed-Loop-Prinzip beansprucht dementsprechend als Basis eine vollständige und effiziente Datenintegration.

---

[5] Vgl. Meyer/Weingärtner/Döring (2001), S. 54.

[6] Vgl. Link (2001), S. 2.

1.2 Abgrenzungen, Definitionen

Integration bedeutet in der Wirtschaftinformatik grundsätzlich die Verknüpfung von Menschen, Aufgaben und Technik zu einer Einheit.[7] Die logische Zusammenführung von Datenbeständen heisst Datenintegration. Dies kann nach Mertens auf zwei Arten geschehen: Erstens können die Datenbestände automatisch von Teilsystemen an andere weitergegeben werden. Dazu braucht es mindestens zwei Programme, welche aufeinander abgestimmt sind, so dass das datenempfangende Programm die vom liefernden Teilsystem abgesandten Daten ordnungsgemäss interpretieren kann. Die zweite Art des Zusammenführens von Daten bezieht sich auf die Haltung von Daten aus mehreren oder allen Programmen in zentralen Datenbanken (z.B. Data Warehouse). Damit soll der zeit- und applikationsunabhängige Zugriff von unterschiedlichen Programmen auf relevante Informationen ermöglicht werden.

Ein wichtiger Aspekt in Bezug auf die Generierung, Verarbeitung und Nutzung von Daten, ist die Abgrenzung von Daten gegenüber Informationen und Wissen. Auf Basis von Aktionen gegenüber Kunden resultieren im CRM Reaktionen und Daten, welche in Datenbanken geschrieben werden. Daraus werden Informationen, die zu Wissen für zukünftige Aktionen zugunsten des Kunden transformiert werden können.[8]

Unter Closed Loop wird allgemein ein Regelkreis im Sinne einer „geschlossenen Schleife"[9] oder einer „Vernetzung von verschiedenen Systemen" verstanden. Beim Management von Kundenbeziehungen gibt es mindestens zwei verschiedene Betrachtungsweisen: Die Sicht des Marketing und diejenige der Informationstechnik.

---

[7] Vgl. zum Folgenden Mertens (1997), S. 1.

[8] Vgl. NN (2002).

[9] Vgl. Himer/Klem/Mock (2001), S. 89.

Im Marketing entspricht dies dem Kreislauf, der von der Aktionsplanung ausgeht, sich über die Aktionsausführung bis hin zum Controlling fortsetzt und wieder in die nächste Aktionsplanung mündet.[10] Jeder Loop kann unzählige Wertschöpfungsketten beinhalten, die sich je nach Angebotsvarianten, Vertrieb- und Kommunikationskanälen unterscheiden. Das Wissen über die jeweilige Wertschöpfung wird dem nachfolgenden Loop als Erfahrungswert zur Verfügung gestellt.

Ganz im Sinne eines lernenden und anpassungsfähigen Regelsystems beinhaltet die Informationstechnik und -logistik im Bereich CRM diverse Prozesse, was in der Folge ausführlicher betrachtet wird.

Abstrakt gesagt, geht es beim Closed-Loop-Konzept darum, Informationen aus dem Transaktionsprozess zu gewinnen, in den Entscheidungsprozess zu integrieren und zurück in den Transaktionsprozess zu bringen.[11]

---

[10] Vgl. zum Folgenden Himer/Klem/Mock (2001), S. 89.

[11] Vgl. Shahnam, (2000).

2 Closed-Loop-Konzepte im Bereich CRM

2.1 Begriffsklärung

2.1.1 Closed Loop (Regelkreis)

Die Definition der Unternehmung als System, respektive Regelsystem nach Ulrich, deutet klar auf die „geordnete Gesamtheit von Elementen, zwischen denen irgendwelche Beziehungen bestehen oder hergestellt werden können".[12] Eine Wirtschaftsorganisation nach dem Prinzip eines Regelsystems ist ein Gebilde, das der Lenkung und Steuerung bedarf (vgl. Abbildung 1).

Damit Aktivitäten resp. Betriebsprozesse in einem Unternehmen stattfinden können, braucht es Inputs. Auf der Regelstrecke vor der definitiven Output-Freigabe wird eine Ist-Wert-Erfassung zur Prüfung dieser Aktivitäten durchgeführt. In einem Soll-Ist-Vergleich werden Werte durch einen Regler aus den Aktivitäten analysiert und bestimmten Soll-Werten gegenübergestellt. Die folgende Entscheidungsinstanz prüft diese Werte und nimmt bei nicht besonders grossen Abweichungen Korrekturentscheidungen selbständig vor. Falls es aber zu dauerhaften, starken Störungen der Ist-Werte kommen sollte, die durch einfache Korrekturentscheidungen nicht gelöst werden können, werden solche Störungen an das zielsetzende System weitergeleitet. Wird der Regelkreis wie oben erwähnt auf ein Unternehmen angewendet, so ist dieses zielsetzende System die Unternehmungsleitung. Verantwortliche der Spitze der Unternehmung entscheiden dann über Anpassungsentscheidungen und mögliche Soll-Wert-Veränderungen. Als Grundlage für Vergleiche mit den tatsächlich realisierten Ergebnissen gilt nun der neu formulierte Soll-Wert, wodurch eine Art zweiter Regelkreis entstanden ist.

---

[12] Vgl. Ulrich (1970).

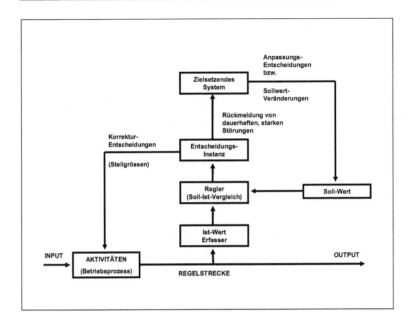

Abbildung 1. Theorie des Regelkreises.[13]

Wird dieses Grundprinzip des Regelkreises auf die Sicht der Informationstechnik heruntergebrochen, beziehen sich Closed-Loop-Konzepte auf einen Regelkreis aus Datensammlung (Aktivitäten), Datenaufbereitung (Ist-Wert-Erfassung), Datenanalyse (Regler) und Zurückspielen an die operativen Ebenen (mit Korrektur- oder Anpassungsentscheidungen).[14]

Eine mögliche Anwendung der Grundprinzipien des Regelsystems auf die Informationstechnik folgt in Abschnitt 2.3.

---

[13] Vgl. Schanz (1992).

[14] Vgl. Martin (2001).

2.1.2 CRM und seine Ebenen

Nach Link können beim CRM drei Ebenen unterschieden werden: die zielorientierte, die strategische und die informationstechnische Umsetzungs – Ebene (vgl. Abbildung 2). Wie bereits in Abschnitt 1.1 erwähnt, hat CRM zum Ziel, durch den Einsatz von Informationstechnologien Kundenbeziehungen herzustellen, aufrechtzuerhalten und zu nutzen. Dabei gilt es vor allem, herauszufinden, welches die wertvollsten (ev. auch hinsichtlich des Loyalitätsverhaltens) und profitabelsten Kunden sind. Eine explizite Ungleichbehandlung der Kunden entspricht nach Link denn auch dem Erfolgsgeheimnis des CRM.

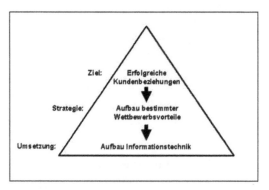

Abbildung 2: Das 3-Ebenen-Modell des CRM.[15]

Auf der zweiten Ebene definiert das Unternehmen, über welche strategischen Wettbewerbsvorteile diese Kundenbindung erfolgen soll. Dabei kommt es auf das jeweilige Unternehmen mit seinen Marktpositionen, Ressourcen, Angeboten[16] und speziell auf seinen Wettbewerbskontext an, in dem sich das Unternehmen befindet. An dieser Stelle wird nur auf den zentralen Kontextfaktor, nämlich die Konkurrenzintensität (d.h. die Zahl und Stärke der Wettbewerber), hingewiesen.

---

[15] Vgl. Link (2001), S. 2ff.
[16] Vgl. Kühn/Grünig (2002), S. 9.

Davon ausgehend können folgende, im Bereich CRM besonders relevante Wettbewerbsvorteile, genannt werden: Vertrauenswürdigkeit, Schnelligkeit, Lernfähigkeit, Kostenvorteile, Omnipräsenz (global und mobil), Individualisierung, Convenience, Universalität (Endgeräte) und Mulitmedialität. Ein Wirtschaftlichkeits-Nachweis wird dann ermöglicht, wenn die genannten Wettbewerbsvorteile in monetäre Grössen umgesetzt werden. Zum Beispiel führt eine bessere Individualisierung – oder auch Differenzierung sowohl auf der Leistungs- wie auch Kommunikationsebene[17] – zu einer höheren Wertschätzung beim Kunden, was sich auf die Kundenloyalität und auf einen höheren erzielbaren Preis pro Kunde auswirkt. Auf der dritten Stufe folgt die Realisierung und Umsetzung dieser Wettbewerbsvorteile mit Hilfe der Informationstechnik und der Sicherstellung der Kundendatenflüsse, was im nächsten Abschnitt detailliert erläutert wird. Die Ressourcen der Unternehmung (z.B. Mitarbeiter, Finanzen) und die Prozessgestaltung (allenfalls Reengineering) sollten auf dieser Ebene unbedingt berücksichtigt werden.[18]

---

[17] Vgl. Hippner/Wilde (2001), S. 9.
[18] Vgl. Schulze (2001), S. 242.

2.2 Analyse der Komponenten des CRM

Bei der Ausrichtung des Gesamtunternehmens auf den Kunden mittels CRM, werden vielfach die Komponenten kommunikatives, operatives und analytisches CRM unterschieden. Im Bereich Consulting wird diese Unterteilung z.B. von der Meta Group vorgenommen.[19] Aber auch in der Wissenschaft trifft man auf vergleichbare Darstellungen.[20]

Zusätzlich können die beiden Bereiche Front und Back Office differenziert werden. Ein Übersicht dazu bietet die Abbildung 3.

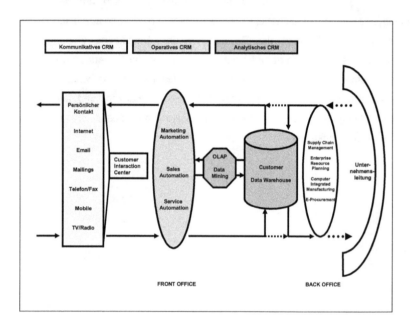

Abbildung 3: Komponenten des CRM.[21]

---

[19] Vgl. Meta Group (1999).

[20] Vgl. Wilde et al. (2000), S. 1.

[21] Vgl. Hippner/Wilde (2001), S. 14.

2.2.1 Kommunikatives CRM

Zum kommunikativen CRM gehören alle möglichen Kommunikationskanäle des Unternehmens zum Kunden. Solche Kanäle können z.b. der persönliche Kontakt (Aussendienst, Einzelhandel), das Internet, Email, Mailings, das Telefon, Fax, Mobiltelefone oder Fernsehen und Radio sein. Gelangt dabei das Unternehmen über einen dieser Kommunikationskanäle an den Kunden, wird von Outbound-Kontaktaufnahme gesprochen. Nimmt der Kunde selbst Kontakt mit dem Unternehmen auf, nennt man dies Inbound-Kontkaktaufnahme.[22]

Als Voraussetzung für das Closed-Loop-Prinzip gilt hier zu beachten, dass alle Kommunikationskanäle vollständig integriert sein müssen und damit nicht mehr isoliert betrachtet werden. Denn für den Kunden muss diese horizontale Integration[23] sicherstellen, dass er nach freier Entscheidung und grösstmöglicher Bequemlichkeit[24] zwischen allen Kanälen wählen und wechseln kann. In der Kommunikation mit seinem jeweiligen neuen Gesprächspartner soll der Kunde nie das Gefühl haben, er müsse wieder „bei Null" anfangen. Eine erfolgreiche Kundenbetreuung ist deshalb auf die umfassende Information der Mitarbeiter während des Kontakts mit dem Kunden angewiesen. Diese Ausrichtung entspricht der Aufgabe eines Customer Interaction Centers (CIC), welches eine Weiterentwicklung der klassischen Call Center bedeutet.[25] Entwickelt hat sich das CIC in drei verschiedenen Stufen. Am Anfang gab es vor allem reine Telefon Call Center im Sinne von typischen Help Desks. Bald folgte der Einsatz von Computer Telephony Integration (CTI), eine Art Verbindung von Computern mit der Telekommunikationsanlage des Call Centers. Die Stufe eines CIC wird nun dadurch erreicht, dass Call Center Agents auch schriftliche Anfragen via Internet (Email, Chat) entgegennehmen. Vermehrt werden CIC als Instrument zur aktiven Kundenbearbeitung verwendet.

---

[22] Vgl. Hippner/Wilde (2001), S. 30.

[23] Vgl. Knox/Maklan/Ryals (2000), S. 20.

[24] Vgl. Peppard (2000), S. 319.

[25] Vgl. auch Hippner/Wilde (2001), S. 30f.

2.2.2 Operatives CRM

Das operative CRM umfasst Front Office-Anwendungen zur Automatisierung der Bereiche Marketing, Sales und Service.[26] Mit Hilfe dieser drei Automations-Bereiche wird der Kontakt zum Kunden informationstechnisch unterstützt.

Aufgabe der **Marketing Automation** ist die zielgerichtete Steuerung und Unterstützung der kundenbezogenen Geschäftsprozesse im Marketing. Das Kampagnenmanagement mit Kundenanalysen als Grundlage, bildet den Kern der Marketing Automation. Dem richtigen Kunden, das richtige Informations- und Leistungsangebot, im richtigen Kommunikationsstil über den geeigneten Kanal zum richtigen Zeitpunkt anbieten - das ist das Ziel der Marketingmassnahmen im Kampagnenmanagement. Die Phasen Planung, Steuerung und Wirkungsanalyse, sind die drei Bestandteile des Kampagnenmanagement.

Unter dem Aspekt des Closed-Loop-Prinzip kann angefügt werden, dass zum Beispiel bei der Planung der Kampagne möglichst alle Informationen über bestehende Kunden berücksichtigt werden müssen. Das heisst, über welchen Kanal, zu welcher Zeit, mit welchem Angebot der Kunde am besten angesprochen werden soll. Bei der Steuerung der Kampagne müssen alle erzielten Kundenreaktionen in Form von Daten, in die zentrale Datenbank (z.B. das Data Warehouse des analytischen Bereiches) eingespeist und mit vordefinierten Werten für weitere Aktionen abgeglichen werden. Gewisse vorher festgelegte Kommunikationsregeln (z.B. „Wenn Kunde nicht auf Mailing reagiert, dann telefonisch nachfassen") erleichtern die richtige Reaktion auf ein bestimmtes Kundenverhalten. Eine Analyse der stets aktualisierten Daten versucht, handlungsrelevante Informationen für die aktuellen oder weiteren Kampagnen zu gewinnen. Auswertungen über die Höhe der Akzeptanz der gewählten Kommunikationskanäle oder über die Kauf- und Kontakthistorie des Kunden, können von entscheidender Bedeutung sein.

---

[26] Vgl. zum Folgenden Hippner/Wilde (2001), S. 20.

Die Interaktion zum Kunden kann zudem durch sogenannte Marketing-Enzyklopädie-Systeme (MES) zusätzlich unterstützt werden. Hier geht es vor allem um das Erstellen, Verwalten und Bereitstellen von Informationen über Produkte, Werbematerialien und Marktsituationen.

Im Bereich **Sales Automation** werden diverse Administrations- und Planungsaufgaben des Vertriebes unterstützt. Dadurch, dass der Vertrieb die eigentliche Schnittstelle zwischen Kunden und Unternehmen ist, besteht hier auch die Möglichkeit einer intensiven Informationssammlung über die Bedürfnisse und Erwartungen sowohl der Kunden wie auch der Wettbewerber und deren Vorhaben.

Als Administrativaufgaben können z.b. die Termin- und Routenplanung, die Besuchsberichterfassung, die Kundendatenverwaltung und die Unterstützung bei der Angebotserstellung betrachtet werden.

Die Lost Order und die Sales Cycle Analyse stellen analytische Aufgaben innerhalb des operativen CRM dar, mit deren Hilfe nicht zustande gekommene Abschlüsse oder sogenannte Wiederbeschaffungszeitpunkte analysiert werden können. Das Ziel der letzteren Analyse besteht darin, den Kunden vor einem Kauf eines Produktes frühzeitig anzusprechen, bevor dieser sich selbständig auf die Suche macht und womöglich zur Konkurrenz wechselt. Als weitere analytische Aufgabe gilt das Opportunity Management. Gemeint ist damit eine mehrstufige Erfassung, Pflege und Qualifizierung jedes Kundenkontakts. Dabei gilt es, durch Statusabfragen eines Kontaktes möglichst einen aktuellen Gesamtüberblick über bestehende Verkaufschancen pro Kontaktstufe zu erhalten.

Um dem Kunden ein individuelles Verkaufserlebnis zu bieten, können vor allem als Unterstützung des Verkaufsgesprächs (z.B. Abruf von Preisen, Lieferbedingungen und Vertragslaufzeiten) Interactive Selling Systeme (ISS) zum Einsatz kommen. Diese beinhalten unter anderem elektronische Produktkataloge, Produktkonfiguratoren und die bereits erwähnten MES, welche auch multimediale Produktpräsentationen erlauben.

All diese Hilfsmittel zur Vertriebsunterstützung beanspruchen mehr oder weniger diverse Anbindungen an Informationssysteme. So muss als

Voraussetzung für eine Online-Auftragserfassung ganz klar eine Anbindung an das ERP-System bestehen.

Zur Lösung von Kundenproblemen, Beschwerden und ganz einfach zur Beratung von Kunden in der After-Sales-Phase dient die **Service Automation**. Dies umfasst sowohl den Kundenservice im Aussendienst wie auch den Serviceinnendienst. Generelle Anwendungen können z.B. das Beschwerdemanagement, Serviceanalysen, Call Center Management und der Internet Self Service sein.

Gerade beim Beschwerdemanagement zeigt sich, ob das Unternehmen Wert auf eine ausgesprochene Kundenorientierung legt. Denn Beschwerden sind schliesslich die Folge von unerfüllten Erwartungen über eine bestimmte Produkteigenschaft oder gar das gesamte Produkt. Damit also nicht zu viele unzufriedene Kunden an die Konkurrenz abwandern und durch Mund-zu-Mund-Propaganda das Unternehmen schlecht machen, müssen für den Kunden verschiedene Kommunikationskanäle zur Beschwerdenmeldung zur Verfügung stehen. Ganz im Sinne eines Mikro-Regelkreises sollten Beschwerden dann systematisch in einer Beschwerdedatenbank erfasst und bearbeitet werden. Somit besteht die Möglichkeit, gegebenenfalls Analogieschlüsse bei weiteren, gleichartigen Beschwerdemeldungen zu ziehen. Falls die Beschwerde aber nicht behoben werden kann, wird sie ähnlich dem Regelkreis-Prinzip an eine übergeordnete Abteilung weitergeleitet, welche dann selbst Korrekturempfehlungen vornehmen kann.

Zur Lösung von Servicefällen dient unter anderem das Call Center, welches von einer Art Help Desk unterstützt werden kann. Damit ist ein wissensbasiertes Datenbanksystem gemeint, das für die Aufnahme von Störungsfällen, für die Beantwortung von Benutzeranfragen und die Weiterleitung nicht beantwortbarer Fälle zuständig ist. In diese Richtung geht denn auch der Internet Self Service. Der Kunde erhält vom System (z.B. von intelligenten Agenten) gestellte Fragen, welche das Problem betreffen. Mittels eines mehrstufigen Problemlösungsverfahrens wird das eigentliche Problem eingegrenzt und darauf Lösungsvorschläge genannt. Doch perfekt ist diese Technologie nicht, denn zur Lösung von neuen und komplexen Problemen kommen praktisch nur Spezialisten in Frage.

Wie wichtig eine vollständige Integration der Service Automation zwischen den Kommunikationskanälen und analytischem CRM ist, zeigt auch das Bedürfnis der Kunden, bei zurückliegenden Vorgängen und Kontaktaufnahmen über verschiedene Kanäle, dem Servicemitarbeiter (z.B. Call Center Agent) nicht jedes mal von Neuem ein bestimmtes Problem erklären zu müssen. Der Agent muss also sofort (möglichst in Echtzeit) Zugriff auf die kundenspezifischen, problemrelevanten Informationen haben, was eine leistungsfähige Architektur der Datenintegration z.B. im analytischen CRM aber womöglich auch im ERP-System (z.B. bei Lieferverzögerungen) bedingt.

2.2.3 Analytisches CRM

Die Funktion des analytischen CRM ist das systematische Aufzeichnen, Aufbereiten und Auswerten von Daten über Kunden. Aus direkten (persönlicher Verkauf) oder indirekten Kundenkontakten (z.B. Internet)[27] über die Kommunikationskanäle oder aus den operativen CRM-Lösungen und den Back Office-Systemen, können Daten in eine zentrale Datenbank fliessen. Die Zusammenführung aller kundenbezogenen Informationen – und damit ist die eine Variante der Datenintegration nach Mertens gemeint – bildet die Grundlage für die Differenzierung der Kundenbeziehungen.[28]

Kundendaten aus den unterschiedlichsten Quellen (Geschäfts- und Funktionsbereiche) in eine einheitliche Systemumgebung zu integrieren, ist die Aufgabe eines Customer Data Warehouse. Dabei sind die Daten im Data Warehouse historisiert, auswertungsorientiert und unveränderbar gespeichert.[29]

Welche zentrale Bedeutung ein Customer Data Warehouse in der Gesamtarchitektur des CRM hat, zeigt unter anderem die Abbildung 4. Wiederum sind daraus die drei Komponenten des CRM zu erkennen, wobei die Ebene des analytischen CRM detaillierter beschrieben wird.

---

[27] Vgl. Meyer/Weingärtner/Döring (2001), S. 61.
[28] Vgl. Hippner/Wilde (2001), S. 15.
[29] Vgl. NN (2002).

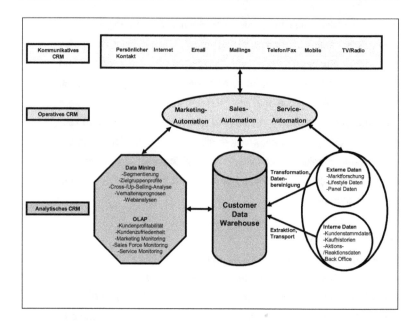

Abbildung 4: Bedeutung eines Customer Data Warehouse[30]

Typische Bestandteile eines Data Warehouse sind externe und interne Daten.[31] Als interne Daten gelten z.B. Stammdaten von Kunden und Interessenten (Adressdaten, Demographie), Kaufhistorien („Wann hat ein Kunde was und wie oft gekauft?"), Aktionsdaten (dokumentieren die kundenspezifischen Massnahmen nach dem Motto „Wer wurde wann und wie kontaktiert?"), Reaktionsdaten (halten Kundenverhalten fest und geben Aufschluss über die Wirksamkeit der Massnahmen des eigenen und der kokurrierenden Unternehmen) und Daten aus dem Back Office-Bereich. Interne Daten werden meistens als heterogene Daten bezeichnet, da sie vielfach in relationalen, hierarchischen, netzwerkartigen, multidimensionalen oder objektorientierten Datenbanken (oder Dateien) vorliegen.[32]

---

[30] Vgl. Hippner/Wilde (2001), S. 16.

[31] Vgl. auch Meyer/Weingärtner/Döring (2001), S. 101.

[32] Vgl. Meyer/Weingärtner/Döring (2001), S. 101.

Daten aus der Marktforschung, Lifestyle Daten und Panel Daten, aber auch Konkurrenz- und Wirtschaftsdaten gehören zu den externen Daten. Zur funktionsorientierten Darstellung von Daten werden sogenannte Data Marts angelegt, welche beispielsweise auch von Online Analytical Processing (OLAP) genutzt werden können.

Die Bereiche Data Mining und OLAP dienen in erster Linie der Auswertung von Informationen über die Kunden.

Zur Aufdeckung von erfolgsrelevanten Geschäftserfahrungen in den Daten des Data Warehouse braucht es eine Analyse umfangreicher multidimensionaler Datenbestände. OLAP bildet mittels differenzierten, intuitiv durchgeführten Datenbankabfragen sogenannte mehrdimensionale Datenwürfel ab. Mit anderen Worten kann der Anwender durch diese Darstellungsform Zusammenhänge zwischen mehreren Dimensionen erkennen. Zum Beispiel ist es möglich, der Kauf eines bestimmten Produktes in Zusammenhang mit der Kaufregion, der Preisklasse, der Kaufhäufigkeit und des Kundentyps zu analysieren. Dadurch kann unter anderem die Kundenprofitabilität oder auch die Kundenloyalität eruiert werden.

Beim Data Mining handelt es sich um eine erweiterte Abfragetechnik, die dem Anwender erlaubt, versteckte Informationen, Trends, Muster, Zusammenhänge (Korrelationen) und Vorhersagen ausfindig zu machen. Über die Prozesse Auswahl, Bereinigung, Transformation und schliesslich Analyse von grossen, unstrukturierten Datenbeständen, kommt man beim Data Mining zu handlungsrelevanten Geschäftserfahrungen. Mögliche Analysefelder sind Sortiments-, Kunden- und Marktreaktionsanalysen, Prognosen, Text- und Web-Mining.[33] Fragen, die unter Einsatz von Data Mining im CRM beantwortet werden sollten, können folgendermassen lauten: „Warum reagiert ein Kunde mehr auf Cross-Selling (oder Up-Selling-) - Massnahmen?", „Wie gross ist die Wahrscheinlichkeit, dass der Kunde bei einer Cross-Selling (resp. Up-Selling-) -Massnahme auch kauft?".[34]

Um eine der Hauptanforderungen des Closed-Loop-Prinzips – eine möglichst integrierte, schnelle und fehlerlose Datenübermittlung zwischen beteiligten

---

[33] Vgl. Hippner/Wilde (2001), S. 18ff.

[34] Vgl. NN (2002).

Systemen – zu erfüllen, sollten bestimmte Daten (z.T. abhängig von der Applikation) nicht mehr nach dem Punkt-zu-Punkt-Prinzip, sondern nach der Verbindungsart Hub-and-Spoke weitergeleitet und aufbereitet werden.[35] Daraus ergeben sich wesentliche Nutzeffekte z.B. hinsichtlich der Geschwindigkeit der Datenübermittlung und der verteilten Nutzungsmöglichkeiten von Datenbeständen. Hub-and-Spoke heisst soviel wie dezentrales Sammeln und zentrales Verteilen von Daten und Informationen. Mit anderen Worten werden hundert Punkt-zu-Punkt-Verbindungen durch beispielsweise zehn Schnittstellen in ein zentrales Datengefäss (wie ein Customer Data Warehouse) ersetzt. Dies bedeutet auch eine Entlastung der operationalen Systeme und führt zudem zu einem konformen Datenverarbeitungsweg.

---

[35] Vgl. zum Folgenden Himer/Klem/Mock (2001), S. 141f.

2.3 Theorie des Regelkreises angewendet auf CRM

Eine Variante der Definition der Datenintegration von Mertens, ist die Haltung von Daten aus mehreren oder allen Programmen in zentralen Datenbanken (z.b. Data Warehouse), was bereits beim analytischen CRM angesprochen wurde. Des weitern kann Datenintegration auch die automatische Weitergabe von Datenbeständen von Teilsystemen an andere Systeme bedeuten.[36] Da letztere Definition im Grunde genommen auf die gesamte CRM-Systemarchitektur und nicht nur auf ein Teilsystem (z.b. geschlossener Regelkreis zwischen operativen und analytischen CRM[37]) angewendet werden kann, wird diese im Folgenden auch die Anwendung der Grundprinzipien eines Regelsystems auf die Informationstechnik im CRM begleiten (vgl. Abbildung 5). Knox/Maklan/Ryals sprechen bei der Verbindung zwischen Front und Back Office, zwischen analytischem und operativem CRM, bzw. analytischem CRM und Back Office generell von vertikaler Integration im Gegensatz zur horizontalen Integration bei der Zusammenführung der Kommunikationskanäle.[38]

Nun zur Anwendung: Als Input gelten die Daten- respektive Informationen über die Kunden. Die Aktivitäten respektive Betriebsprozesse aus Unternehmenssicht beziehen sich einerseits auf die Kommunikationskanäle des kommunikativen CRM, über die der Kunde mit dem Unternehmen in Kontakt tritt. Andererseits bilden auch die Bestandteile des operativen CRM wie Marketing, Vertrieb und Service einen Teil der Aktivitäten des Unternehmens. Somit sind die Voraussetzungen für eine Regelstrecke erstmals gegeben: Input – kommunikatives CRM – operatives CRM – kommunikatives CRM – Output. Als Output des Systems kann man sich z.B. die angepassten Kommunikationskanäle aufgrund der Vorgaben des operativen CRM vorstellen.

---

[36] Vgl. auch Abschnitt 1.2.
[37] Vgl. Shahnam (2000).
[38] Vgl. Knox/Maklan/Ryals (2000), S. 20.

Der Datenfluss auf der genannten Regelstrecke bedarf nun einer Ist-Wert-Erfassung, was mittels Customer Data Warehouse geschehen kann. Analog der Theorie des Regelkreises kommt im weiteren Verlauf ein Regler (OLAP und Data Mining) zum Einsatz, der eine Art Soll-Ist-Vergleich durchführt. Die Analyseresultate werden darauf der Entscheidungsinstanz weitergeleitet. So gewonnene Erkenntnisse über die Bedürfnisse und Verhaltensweisen der Kunden, können in Form von Korrektur-Entscheidungen als Steuerungs- und Lenkungsinformationen sowohl im operativen als auch im kommunikativen CRM eingesetzt werden. Diese Steuerungs- und Lenkungsinformationen kommen aus der sogenannten Data Warehouse-Wertschöpfungskette, welche das Customer Data Warehouse, OLAP und Data Mining und Daten als Rohmaterial beinhaltet.[39]

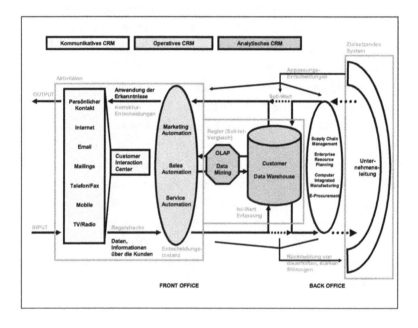

Abbildung 5: CRM-Regelkreis dargestellt anhand der Theorie des Regelkreises

---

[39] Vgl. auch Martin (1998), S. 24.

Kommt es vermehrt zu starken Störungen (z.B. was die Nutzung von Erfolgspotentialen wie attraktive Absatzmärkte resp. Marktpositionen, Einsatz der Angebote und Ressourcen des Unternehmens[40] aber auch misslungene Marketingkampagnen betrifft) meldet die Entscheidungsinstanz (oder ev. auch das Back Office) diese Vorfälle an das zielsetzende System, die Unternehmensleitung. Hier muss sodann entschieden werden, mit Hilfe welcher Massnahmen resp. Anpassungs-Entscheidungen, es zu welchen Soll-Wert-Formulierungen kommt (z.B. welche bestehenden oder neuen Märkte bearbeitet werden sollen, andere Gestaltung der Angebote und Ressourcen oder bessere Planung der Marketingkampagnen, etc.). Die gesamte Data-Warehouse-Wertschöpfungskette nimmt die Soll-Werte auf und liefert ab diesem Zeitpunkt nur noch Vergleiche nach neuen Soll-Werten an die Entscheidungsinstanz. Dieser zweite Regelkreis[41] führt danach zum gleichen Verlauf wie der erste.

Bezogen auf die Datenflüsse durchläuft der CRM-Datenkreislauf grundsätzlich die Bereiche Front Office (Funktionalitäten des operativen CRM), Back Office und der dazwischen liegende analytische Bereich.[42] Mindestens zwei Arten von Schnittstellen, über die sich das Closed-Loop-Konzept zieht, können unterschieden werden: Einerseits die Schnittstelle Mensch - System (z.B. Kunde - operatives System) und andererseits die Schnittstelle System - System (z.B. operatives - analytisches System).[43] Bei beiden Schnittstellenarten stellt die Gewährleistung des einwandfreien und schnellen Datentransports und damit die Übersetzung von Informationen eine Voraussetzung für die Erfüllung des Closed-Loop-Prinzips dar.

Die Schnittstelle Kunde - operatives System erhält unter dem Aspekt eCRM eine ganz wichtige Bedeutung, was z.B. die Individualisierungs- und Personalisierungsmöglichkeiten der Interaktion via Internetverbindung betrifft. „eCRM ist der digitale Kundenbindungsprozess, um den Weg zu einer echten Eins-zu-eins-Beziehung zwischen Unternehmen und Kunden zu bereiten.

---

[40] Vgl. Kühn/Grünig (2002), S. 9.

[41] Vgl. auch Abschnitt 2.1.1.

[42] Vgl. Zipser (2001), S. 38.

[43] Vgl. Himer/Klem/Mock (2001), S.110.

Dabei werden Präferenzen des Kunden aus vorherigen Interaktionen extrapoliert, über eine beziehungsoptimierende Feedback-Schleife in den Web-Applikationen hinterlegt, damit das Unternehmen bei der automatisierten Dialog-Kommunikation auf die Kundenbedürfnisse personalisiert und in Echtzeit eingehen kann."[44] Erstmals können Kunden und damit ihr Verhalten und ihre Reaktionen direkt in das Unternehmensnetzwerk integriert werden, was über andere Kommunikationskanäle (Kunde-System-Schnittstellen) wie Telefon oder TV einiges komplizierter ist. Um aber die Loylität der Kunden und den Output des Anbieters dadurch nachhaltig zu steigern, bedarf es einer intelligenten Zusammenführung der Bereiche Datenbanken, Interaktivität und Mass Customization in den Produktionsprozess.[45] Zum Beispiel durch die Verbindung von Mass Customization (online ev. unterstützt durch sogenannte Avatare[46]) und Interaktivität, erhalten Kunden die Möglichkeit, direkt mit dem Unternehmen zu kommunizieren und personalisierte Produkte erhalten zu können. Das Prinzip des Closed Loop gewinnt noch viel mehr an Bedeutung, wenn wie in der Definition von eCRM nach Meyer/Weingärtner/Döring bei der automatisierten Dialog-Kommunikation auf die Kundenbedürfnisse tatsächlich personalisiert und vor allem in Echtzeit eingegangen werden kann. Ein solches Beispiel stellt der Online-Playstation-Shop von Sony für Australien dar.[47] Kurz zusammengefasst wurden dabei folgende Kundenbedürfnisse berücksichtigt: multimedialer Produktkatalog, hoher Sicherheitsstandard bei der Zahlungstransaktion, eine realtime Verfügbarkeitsprüfung (Anbindung an Back Office) mit Reservierungsfunktionalität in der Produktionsplanung, schnelle Antwortzeiten der Website beim Bestellvorgang und die Integration eines Call Centers.

---

[44] Meyer/Weingärtner/Döring (2001), S. 80.

[45] Vgl. Meyer/Weingärtner/Döring (2001), S. 81.

[46] Avatare sind virtuelle Assistenten zur Beratung in Online-Shops. Sie bieten diverse Vorteile gegenüber einem „menschlichen Mitarbeiter": Erschöpfung, Motivation und Arbeitsgesetz sind für Avatare kein Thema.

[47] Vgl. zum Folgenden Hildebrand/Mairon (2001), S. 92f.

Dadurch sind aber auch System-System-Schnittstellen involviert. Nach Jung spielt in diesem Zusammenhang vor allem die Unterscheidung der zu übertragenden und speichernden Daten nach dispositiver und operativer Art eine wichtige Rolle.[48] Wenn es nämlich als Folge einer Übertragung von Daten zwischen dem operativen und analytischen CRM zu einer Einlagerung der Daten im Data Warehouse kommt, können dispositive und operative Daten nicht zusammen gespeichert werden, da sie unterschiedliche Charakteristika haben. Hauptsächlich können dispositive und operative Daten bezüglich Aktualität, Datenstruktur, Historisierung, Verfügbarkeit und Transaktion unterschieden werden. Während zum Beispiel operative Daten eine hohe Aktualität aufweisen müssen, treten bei dispositiven Daten nach dem Refresh gewisse Aktualitätsverluste auf. Was die Verfügbarkeit betrifft, gilt diese bei operativen Daten ständig, wobei dispositive Daten mit einer zeitlich partiellen Verfügbarkeit auskommen.

Als übersichtliche Zusammenfassung dieser Anwendung der Grundprinzipien des Regelkreises auf die Informationstechnik im CRM kann die Abbildung 6 betrachtet werden.
Der Kunde liefert über die Kommunikationskanäle und operativen Systeme Daten, welche in den Bereich der Data Warehouse-Wertschöpfungskette fliessen.[49] Diese Kette umfasst die Elemente Daten (-fluss), Informationen, Wissen und z.T. Aktionen. Soll ein Unternehmen gezielt kundenzentrisch (d.h. Ausrichtung des gesamten unternehmerischen Handelns auf den Kunden,) geführt werden, gilt die wesentliche Funktion der Data Warehouse-Wertschöpfungskette, nämlich die Steuerung und Kontrolle der Geschäftsprozesse, zu beachten. Als die zu steuernden Geschäftsprozesse werden hauptsächlich die Aktionen (operatives CRM) und deren Zusammenwirken mit den Kommunikationskanälen (kommunikatives CRM) betrachtet.

---

[48] Vgl. zum Folgenden Jung (2001), S. 29ff.

[49] Vgl. zum Folgenden Martin (1998), S. 24.

Informationen entstehen im Data Warehouse durch die Zusammenführung und Aufbereitung von Daten aus internen und externen Datenquellen.[50] Als nächster Schritt in der Kette führt eine intelligente Analyse der Informationen zu Wissen. Unter Einfluss (und auch Kontrolle) der Strategie kann dieses Wissen in Form von Aktionen angewendet werden. Dementsprechend führen neue Aktionen gegenüber Kunden zu Reaktionen und wiederum neuen Daten, womit sich der Regelkreis schliesst.

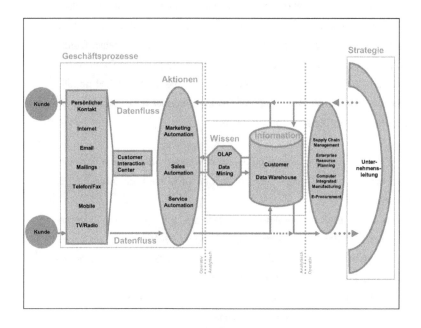

Abbildung 6: Zusammenfassung Regelkreis-Anwendung[51]

---

[50] Vgl. auch Abschnitt 2.2.3.

[51] Vgl. auch Martin (1998), S. 25; Hippner/Wilde (2001).

2.4 Mögliche Nutzeffekte einer Closed-Loop- Architektur

Die in Abschnitt 2.2 beschriebenen Voraussetzungen des kommunikativen, operativen und analytischen CRM für eine Closed-Loop-Architektur stellen die Basis für potentielle Nutzeffekte dar. Zudem zeigt die Regelkreis-Darstellung und –Anwendung klar das Prinzip der Integration, nämlich die Verknüpfung von Menschen, Aufgaben und Technik zu einer Einheit. Auch das logische Zusammenführen von diversen Datenbeständen steht bei der Regelkreis-Betrachtung im Zentrum. Damit sich aber der Aufbau eines solchen IT-Systems lohnt, muss der Nutzen von systemübergreifenden, durchgängigen Geschäftsprozessen ersichtlich sein. Im Folgenden wird bei der Konkretisierung von Nutzenpotentialen eine Auswahl von Potentialen, welche die Erträge steigern und Potentialen, welche die Kosten senken können, dargestellt. Letztere, nämlich kostensenkende Potentiale, ergeben sich z.B. beim sogenannten Business Process Redesign (BPR). Vielfach wird die Implementation eines CRM-Systems von einem BPR begleitet. Generelle Vorteile eines BPR sind die Reduzierung überflüssiger Prozessschritte (z.B. können beim eCRM Kundenbedürfnisse automatisiert, standardisiert und schnell erfasst werden), kürzere Durchlaufzeiten bei der Leistungserstellung (z.B. durch die elektronische Anbindung des operativen CRM an das Back Office statt die teils manuelle Übertragung der Bestelldaten) und tiefere Transaktions- und Personalkosten (z.B. durch die Automatisierung der Prozesse). Zu ertragssteigernden Potentialen durch die Regelkreis-Anwendung gehört z.b. die Möglichkeit zur Identifikation und damit zur Bevorteilung (Sonderangebote, erhöhte Rabatte) von profitablen Kunden. Die Wertschätzung gegenüber dem Unternehmen nimmt durch die personalisierte und individualisierte Produkte-Ansprache zu und kann infolge verstärkter Kundenbindung zu Folgeaufträgen führen.[52] Die Servicequalität ist bereits heute für viele Kunden ein entscheidendes Kaufargument. Verfügt das CIC während dem Kundenkontakt über alle Informationen des Auftrags, wird der Kunde diese Servicequalität beim Folgekauf berücksichtigen.

---

[52] Vgl. auch Cecere/Eisenfeld (2000), S. 3.

2.5 Vergleich der Schwierigkeiten und Lösungsansätze

Grundsätzlich können sich Probleme der Datenintegration bei CRM-Systemen – aufgebaut nach dem Closed-Loop-Prinzip – bei den kommunikativen, operativen und analytischen Komponenten und deren Verbindungen über die Schnittstellen ergeben. Einige dieser möglichen Probleme wurden bereits in den entsprechenden Abschnitten angesprochen. Werden die Anforderungen der einzelnen Komponenten an eine Closed-Loop-Architektur nochmals grob zusammengefasst, geht es beim kommunikativen CRM um die Synchronisation der diversen Kommunikationskanäle, beim operativen CRM um die Integration und Abstimmung der drei Automationsbereiche und beim analytischen CRM um die Zusammenführung der (verteilten) Datenbestände.[53]

Zu organisatorischen Problemen kann es kommen, wenn sich die Unternehmensleitung ihrer Position (zielsetzendes System) und Verantwortung (Einflussnahme beim Aufbau und vor allem Betrieb durch aktive Einbindung)[54] in der CRM-Systemarchitektur nicht klar bewusst ist. Zu wirklichen Schwierigkeiten führen kann hingegen eine schwache Ausrichtung des gesamten Unternehmens und damit der Mitarbeiter auf die Kunden. Jeder Mitarbeiter muss die Sicht der stärkeren Kundenorientierung nachvollziehen können, allenfalls unterstützt durch Informationsmanagement. Im Folgenden wird nun noch auf eine zentrale Schwierigkeit bei CRM-Systemen, nämlich das Zusammenführen von verteilten Datenbeständen[55] hingewiesen.

Durch die Entwicklung computergestützter Informationstechnologien und dem Einsatz von Informationssystemen entstanden in vielen Unternehmen bereichsspezifische Datenbanksysteme und in der Folge auch Redundanzen und z.T. Inkonsistenzen in Datenbeständen.[56]

---

[53] Vgl. auch Kehl/ Rudolph (2001), S. 256.

[54] Vgl. Abbildung 3.

[55] Vgl. Abschnitt 2.3, Begründung der Auswahl der Datenintegrationsdefinition.

[56] Vgl. zum Folgenden Hunstock (2001), S. 1ff.

Auch kam es zu Redundanzen bezüglich der Programme, die zur Speicherung und Verwaltung der Daten eingesetzt wurden. In diesem Sinne stellt die in Abschnitt 2.2 erstmals dargestellte Abbildung der Closed-Loop-CRM-Systemarchitektur einen Idealzustand dar, der jedoch in manchen Unternehmen so (noch) nicht existiert. Eine bereichsübergreifende Koordination z.b. des Entwurfs von Datenbanken fand nämlich nicht oder nicht durchgehend statt, weshalb die bereits erwähnten Informationsinseln autonom entstanden. Daten wurden dabei im jeweiligen Unternehmensteil oder –bereich gespeichert, was im Zeitverlauf vielfach Datenredundanzen zur Folge hatte.

Viele Unternehmen nutzen heute alle Arten der Kommunikationskanäle zum Kunden.[57] Jedoch finden oftmals Brüche von Informationsflüssen oder Prozessketten zwischen den einzelnen Systemen (z.B. Internetkanal – persönlicher Kontakt) statt, weil noch keine richtige Verknüpfung aller Berührungspunkte mit dem Kunden (fehlende Synchronisation) und damit keine integrierte Daten- bzw. Wissensbasis vorhanden ist. Das folgende Beispiel veranschaulicht diese Problematik: Der langjährige Kunde muss dem Anbieter erneut sein Anliegen darstellen, obwohl er das Problem bereits im Internet oder per Email formuliert und schon verschiedene Gespräche zu diesem Thema geführt hat.

Zur Lösung der genannten Probleme bieten sich nach Hunstock zwei Möglichkeiten an: die unternehmensweite Einführung eines einzigen integrierten Systems oder die Schaffung eines interoperablen Informationssystems, das auf der Basis von vorhandenen, autonomen und lokal verteilten Datenbeständen arbeitet.[58]

Bei der ersten Variante handelt es sich um ein System, das über Komponenten verfügt, die alle Bereiche eines Unternehmens unterstützen. Dadurch wird eine vollständig homogene Umgebung geschaffen, in der der Datenaustausch zwischen den Komponenten und eine umfassende Verfügbarkeit von Daten auf den verschiedensten Ebenen möglich ist.

---

[57] Vgl. zum Folgenden Sonntag (2001), S. 67f.
[58] Vgl. zum Folgenden Hunstock (2001), S. 3.

Jedoch ist die Einführung eines solchen Systems mit hohen Kosten infolge hohem Reorganisations- und Koordinationsaufwand verbunden.

Aber auch bei der zweiten Variante, der Schaffung eines interoperablen Informationssystems, ist mit hohem Koordinationsaufwand zu rechnen. Dafür bedeutet die Beibehaltung bestehender Systeme bestimmte Einsparungspotentiale bei der Beschaffung von neuen Systemen und zugleich eine gewisse Sicherheit durch die Weiterverwendung der vorhandenen Systeme.

Als eine Art erweiterte Lösung zur Integration und Zusammenführung nicht nur von Datenbeständen sondern auch von gesamten, meist heterogenen Systemlandschaften, kann Enterprise Application Integration (EAI) betrachtet werden. Nach dem Prinzip einer Middleware versucht EAI mittels verschiedener Technologien die Kommunikation zwischen unterschiedlichen Geschäftsprozessen und Anwendungen (Applikationen) zu ermöglichen. Flexible und leistungsfähige Schnittstellen zwischen den diversen Applikationen sind Voraussetzung für einen möglichst automatisierten und damit effizienteren Datenaustausch.[59]

Falls nun einige der diskutierten Probleme und Schwierigkeiten gelöst sind, bleibt zum Schluss immer noch das erfolgreiche Schliessen des Regelkreises. Nach dem Closed-Loop-Prinzip gibt es nämlich beim Zurückspielen der über den Kunden gewonnenen Erkenntnisse an die operativen Ebenen einen wichtigen Aspekt zu beachten: Zur Vermeidung von verärgerten und unzufriedenen Kunden sollten unbedingt die Regeln des Permission-Marketing angewendet werden.[60] Mit anderen Worten muss der Kunde die Möglichkeit haben, jederzeit autonom Entscheidungen zu fällen, ob er Botschaften (z.B. individualisierte Produktwerbung) des Anbieters erhalten, bzw. empfangen will. Das Einverständnis des Kunden wird um so eher abgegeben, je besser der Nutzen für den Kunden erkennbar ist. Ein solcher Nutzen stellt etwa ein Informationsvorsprung gegenüber anderen Kunden dar. Aber auch auf die Merkmale des Kunden angepasste Produkte (Customization) könnten klar nutzenstiftend wirken.

---

[59] Vgl. Koch (2002).

[60] Vgl. zum Folgenden Link (2001), S. 20.

3 Ausblick - Visionäre Potentiale

Um als kundenorientiertes oder sogar kundenzentriertes Unternehmen ganz nach dem Motto -I know you – You tell me what you want – I make it – I remember next time- vorgehen zu können, braucht es idealerweise eine CRM-Systemarchitektur funktionierend nach dem Closed-Loop-Konzept.[61] Der „Olymp der Marketings" stellt sozusagen die Verknüpfung von CRM, Permission-Marketing und 1:1-Marketing dar. Unter entsprechender Berücksichtigung des Datenschutzes, ergeben sich zukünftig neue Wege der Kundenbindung. So stellt zum Beispiel Mobile Customer Relationship Management (mCRM) eine höchst interessante Möglichkeit des direkten und schnellen Kundenkontakts her. Im Zentrum steht hier die Kontaktaufnahme zum Kunden über mobile Applikationen wie z.B. Mobiltelefone oder Personal Digital Assistants (PDAs). Elemente eines erfolgreichen mCRM können beispielsweise die Identifizierung, Differenzierung und Individualisierung sein.[62] Zuerst werden die Kunden mittels Lokalisierungstechnologien (z.B. Global Positioning System genannt GPS) an ihrem aktuellen Standort identifiziert. Durch die Analyse des Benutzer- und Bewegungsprofils werden die Kunden nach ihrer Profitabilität differenziert. Eine individualisierte Ansprache des Kunden erfolgt dann über die Leistungs- und Dialogebene, z.B. indem das bereits eruierte Nutzerprofil mit standortbezogenen Daten in Verbindung gebracht wird und lokale Angebote wie Orientierungshilfen oder Unterhaltungs- und Informationsvorschläge macht. Neben Local Based Services können Unternehmen ihren Kunden auch Produktneuheiten und spezielle Promotionen etc. als Bindungsmassnahmen anbieten.

Eine effiziente Datenintegration ist auch bei mCRM eine entscheidende Voraussetzung gezielter Kundenbindung. Naheliegend wäre sogar, dass Kunden im Fall von schlecht personalisierten und individualisierten Angeboten nach dem Permission-Prinzip bestimmte Dienste abbestellen würden, was ganz klar nicht im Interesse des Unternehmens ist. mCRM insgesamt ist ein Gebiet, welches selbst eine Arbeit zu schreiben wert wäre.

---

[61] Vgl. auch MicroStrategy (2001).

[62] Vgl. zum Folgenden Schmidt (2001), S. 240.

Abbildungsverzeichnis

Abkürzungsverzeichnis

BPR	Business Process Redesign (Reengineering)
bzw.	beziehungsweise
CIC	Customer Interaction Center
CRM	Customer Relationship Management
CTI	Computer Telephony Integration
DWH	Data Warehouse
EAI	Enterprise Application Integration
eCRM	Electronic Customer Relationship Management
ERP	Enterprise Ressource Planning
etc.	et cetera
ev.	eventuell
ISS	Interactive Selling Systeme
KIS	Kundenorientierte Informationssysteme
mCRM	Mobile Customer Relationship Management
MES	Marketing-Enzyklopädie-Systeme
OLAP	Online Analytical Processing
PDA	Personal Digital Assistant
SCM	Supply Chain Management
u.a.	unter anderem
vgl.	vergleiche
z.B.	zum Beispiel
z.T.	zum Teil

Literaturverzeichnis:

[Cecere/Eisenfeld 2000]

Cecere, L., Eisenfeld, B., New Opportunities From Back-and Front-Office Integration, Research Note COM-11-7814, Gartner Group 2000.

[Cook 2002]

Cook, C., Customer Relationship Management: New Technology, Same Rules, in: Purba, S. (Hrsg.), Architectures for E-Business Systems – Building the Foundation for Tomorrow's Success, Boca Raton: Auerbach Publications 2002, S. 105-110.

[Hildebrand/Mairon 2001]

Hildebrand, V., Mairon, C.S., Strategische Wettbewerbsvorteile durch Electronic Selling, in: Link, J. (Hrsg.), Customer Relationship Management - Erfolgreiche Kundenbeziehungen durch integrierte Informationssysteme, Berlin, Heidelberg: Springer, 2001, S. 75-101.

[Himer/Klem/Mock 2001]

El Himer, K., Klem, C., Mock, P., Marketing Intelligence – Lösungen für Kunden- und Kampagnenmanagement, Bonn: Galileo Press 2001.

[Hippner/Wilde 2001]

Hippner, H., Wilde, K.D., CRM – Ein Überblick, in: Helmke, S., Dangelmaier,   W. (Hrsg.), Effektives Customer Relationship Management, Instrumente   – Einführungskonzepte – Organisation, Wiesbaden: Gabler 2001, S. 3-37.

[Hunstock 2001]

Hunstock, J., Integration konzeptioneller Datenbankschemata, Reihe Wirtschaftsinformatik, Band 36, Lohmar, Köln: Josef Eul Verlag 2001.

[Jung 2001]

Jung, R., Gestaltung einer datenintegrierenden Architektur für dispositive und operative Zwecke, in: Hildebrand, K. (Hrsg.), Praxis der Wirtschaftsinformatik - Business Intelligence Nr. 222, Heidelberg: dpunkt.verlag 2001, S. 29-37.

[Kehl/Rudolph 2001]

Kehl, R.E., Rudolph, B.J., Warum CRM-Projekte scheitern, in: Link, J. (Hrsg.), Customer Relationship Management - Erfolgreiche Kundenbeziehungen durch integrierte Informationssysteme, Berlin, Heidelberg: Springer 2001, S. 253-273.

[Knox/Maklan/Ryals 2000]

Knox, S., Maklan, S., Ryals, L., Customer Relationship Management (CRM) - Building the Business Case, London, Harlow: Pearson Education 2000.

[Koch 2002]

Koch, A., Schnittstellen: Das A&O für Enterprise Application Integration, in: Dokumentation zur Tagung "EAI-Brücken zwischen Anwendungs-Inseln - Enterprise Application Integration in der Praxis" von Swiss ICT, vom 14.3.2002 in Zürich.

[Kühn/Grünig 2002]

Kühn, R., Grünig, R., Methodik der strategischen Planung, Ein Prozessorientierter Ansatz für Strategieplanungsprojekte, Bern, Stuttgart, Wien: Haupt 2002.

[Link 2001]

Link, J., Grundlagen und Perspektiven des Customer Relationship Management, in: Link, J. (Hrsg.), Customer Relationship Management - Erfolgreiche Kundenbeziehungen durch integrierte Informationssysteme, Berlin, Heidelberg: Springer 2001, S. 1-34.

[Martin 1998]

Martin, W., Data Warehousing – Data Mining – OLAP, Bonn et al., META Group, 2001.

[Martin 2001]

Martin, W., Analytisches und operatives CRM: Closed Loop Marketing - zum Greifen nah?, in: Acquisa Nr. 11, auf URL http://www.acquisa.de/articles/ showArticle.cfm?articleID=745 (Abruf: 2002-02-20).

[Mertens 1997]

Mertens, P., Integrierte Informationsverarbeitung 1, Administrations- und Dispositionssysteme in der Industrie, Wiesbaden: Gabler 1997.

[Meta Group 1999]

Meta Group, Customer Relationship Management in Deutschland, Deutschland: Meta Group 1999.

[Meyer/Weingärtner/Döring 2001]

Meyer, M., Weingärtner, S., Döring, F., Kundenmanagement in der Network Economy - Business Intelligence mit CRM und ecRM, Braunschweig, Wiesbaden: Vieweg 2001.

[MicroStrategy 2001]

MicroStrategy, Customer Managed Relations (CMR) - Fundamentale Änderung der Kundenbeziehungen, Deutschland: MicroStrategy 2001, auf URL http://www.competence-site.de/crm.nsf/ 12b19b642c468c68c1256918003764b7/44299ef3aa698ef5c1256b120061b862 (Abruf: 2002-02-20).

[NN 2002]

NN, Customer Relationship Management, auf URL http://www.ie.iwi.unibe.ch (Abruf: 2002-03-07).

[Peppard 2000]

Peppard, J., Customer Relationship Management (CRM) in Financial Services, in: European Management Journal, 3/2000, S. 312-327.

[Schanz 1992]

Schanz, G., Wissenschaftsprogramme der Betriebswirtschaftslehre, in: Bea, F.X., Dichtl, E., Schweitzer, M. (Hrsg.), Allgemeine Betriebswirtschaftslehre, Band 1: Grundfragen, 6.Auflage, Stuttgart, Jena: Gustav Fischer 1992, S.100-110.

[Schmidt 2001]

Schmidt, S., Möglichkeiten der Erfolgskontrolle im ecRM, in: Link, J. (Hrsg.), Customer Relationship Management - Erfolgreiche Kundenbeziehungen durch integrierte Informationssysteme, Berlin, Heidelberg: Springer 2001, S. 235-251.

[Schulze 2001]

Schulze, T., Erfolgsorientiertes Customer Relationship Management (CRM)   auf der Basis von Business Intelligence (BI)-Lösungen, in: Helmke, S., Dangelmaier, W. (Hrsg.), Effektives Customer Relationship Management, Instrumente – Einführungskonzepte – Organisation, Wiesbaden: Gabler 2001, S. 233-255.

[Shanam 2000]

Shahnam, E., The Customer Relationship Management Ecosystem, auf URL http://www.metagroup.com/communities/crm/deltas.htm (Abruf: 2002-03-07).

[Sonntag 2001]

Sonntag, S., Kundenbindung im neuen Jahrtausend – Mulit-Channel-Management im Rahmen von CRM als Differenziator am Markt, in: Link, J. (Hrsg.), Customer Relationship Management - Erfolgreiche Kundenbeziehungen durch integrierte Informationssysteme, Berlin, Heidelberg: Springer 2001, S. 59-73.

[Ulrich 1970]

Ulrich, H., Die Unternehmung als produktives und soziales System, 2.Auflage, Bern, Stuttgart: Haupt 1970.

[Wilde et al. 2000]

Wilde, K., et al., CRM 2000, Customer Relationship Management – So binden Sie Ihre Kunden, Studie des Lehrstuhls für Wirtschaftsinformatik der Katholischen Universität Eichstätt, Universität Eichstätt 2000.

[Zipser 2001]

Zipser, A., Business Intelligence im CRM – Die Relevanz von Daten und deren Analyse für profitable Kundenbeziehungen, in: Link, J. (Hrsg.), Customer Relationship Management - Erfolgreiche Kundenbeziehungen durch integrierte Informationssysteme, Berlin, Heidelberg: Springer 2001, S. 35-57.

Selbständigkeitserklärung

„Ich erkläre hiermit, dass ich diese Arbeit selbständig verfasst und keine andern als die angegebenen Quellen benutzt habe. Alle Stellen, die wörtlich oder sinngemäss aus Quellen entnommen wurden, habe ich als solche kenntlich gemacht. Mir ist bekannt, dass andernfalls der Senat gemäss Gesetz über die Universität zum Entzug des aufgrund dieser Arbeit verliehenen Titels berechtigt ist."

Bern, 2002-08-15   Florian Lüchinger